MATHIAS JESCHKE

Ein Mann, der weint

Mit Illustrationen von
WIEBKE OESER

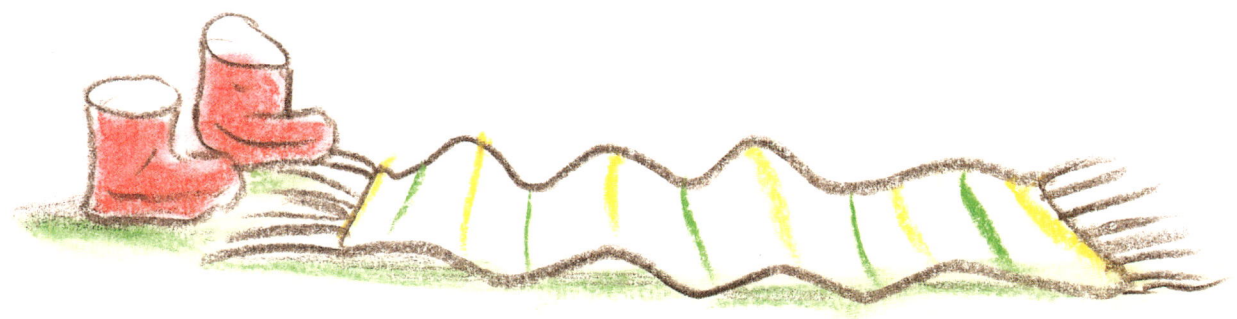

HINSTORFF

»Du, Mama, da steht ein Mann,
der weint.«

»Ja, warum weint der denn?«,
fragte Mama mich.

Aber woher sollte ich das wissen?

Ich ging ein bisschen näher zu ihm hin.

Er putzte sich mit einem großen
Taschentuch die Nase.

Dann sah er mich an.
Seine Augen waren voller Tränen.

Ein kleiner Hund schnupperte
an seinem Bein.

Ich dachte: Vielleicht soll ich
den Mann fragen, warum er weint.

Aber ich sah nur zu ihm hin
und sagte nichts.

Dann sah der Mann wieder weg
und weinte weiter.

Es kam mir komisch vor, dass der
Mann weinte. Mein Papa sagt immer:
»Männer weinen nicht!«

Aber dieser Mann hier
weinte doch.

Ich konnte die dicken Tränen
gut sehen, die ihm über die
Wangen liefen.

Mama war vor dem Laden
und drehte die Kleiderständer.

Manchmal tropfte eine Träne
auf den Bürgersteig.

»Du brauchst nicht zu weinen«,
sagte ich. Doch das war zu leise.
Keiner konnte es hören.

Ich überlegte, was ich tun konnte.

Ein paar von den Leuten, die vorbeigingen, sahen den Mann erstaunt an. Aber die meisten bemerkten ihn gar nicht.

Mama war beschäftigt.

Ich ging zu dem Mann hin
und zog vorsichtig an seiner Jacke.

»Warum weinst du denn bloß?«,
fragte ich ihn.

Nun war meine Stimme laut genug.
Aber mehr fiel mir nicht ein.

»Ach, ich bin so traurig!«,
sagte der Mann und schnupfte.

Er sah mich ganz ernst an.
Seine Augen glänzten.

Dann putzte er sich noch einmal
mit dem Taschentuch die Nase.

Ich war irgendwie froh,
dass dieser Mann weinte.

Aber ich hätte gar nicht
sagen können, warum.

Dann kam Mama
aus dem Geschäft.

Als Papa abends endlich von der
Arbeit kam, erzählte ich es ihm:
»Papa, weißt du was?«

Mein Papa steckte hinter seiner
Zeitung.

»Ich habe heute einen Mann gesehen,
der hat richtig doll geweint.«

Die Zeitung war sehr groß.

»Überall hat der geweint.
Seine Jacke hat geweint und
seine Schuhe haben geweint.«

Mein Papa blickte hinter seiner
Zeitung hervor und sah mich eine
ganze Weile lang an.

Dann faltete er die Zeitung
zusammen, nahm mich auf den
Schoß und drückte mich.

Mathias Jeschke, geboren 1963 in Lüneburg, lebt mit seiner Familie in Stuttgart, wo er als Verlagslektor und Autor arbeitet. Er veröffentlichte bisher Gedichtbände für Erwachsene und Kinder und Bilderbücher für Kinder und Erwachsene, darunter im Hinstorff Verlag zusammen mit Katja Gehrmann die Geschichte von der *Flaschenpost*. Seine Arbeit wurde mehrfach ausgezeichnet, so u.a. durch die Aufnahme seiner Bücher in die Liste »Die besten 7« von Deutschlandfunk und Focus und den Katalog »The White Ravens« der Internationalen Kinder- und Jugendbibliothek in München.

Wiebke Oeser, geboren 1967 in Hannover, wohnt mit ihrem Mann und ihren drei Kindern in Nicaragua, genauer gesagt in der Hauptstadt Managua, wo sie an der deutschen Botschaft tätig ist. Bereits für ihr erstes Bilderbuch – *Bertas Boote* – erhielt sie zahlreiche Auszeichnungen, so den Oldenburger Kinder- und Jugendbuchpreis, den Troisdorfer Bilderbuchpreis und eine Bronzemedaille als eines der schönsten Bücher der Welt. 2001 gewann *Wo steckt Pepé?* den Bologna Ragazzi Award. Zuletzt illustrierte Wiebke Oeser Gedichte von Jürg Schubiger – *Der Wind hat Geburtstag*. Der Band wurde mit dem Luchs von der Zeit und Radio Bremen prämiert.

Die Deutsche Nationalbibliothek verzeichnet diese Publikation in der Deutschen Nationalbibliografie; detaillierte bibliografische Daten sind im Internet über http://dnb.ddb.de abrufbar.

© Hinstorff Verlag GmbH, Rostock 2011

1. Auflage 2011
Herstellung: Hinstorff Verlag GmbH
Lektorat: Thomas Gallien
Printed in Germany
lSBN 978-3-356-01414-3

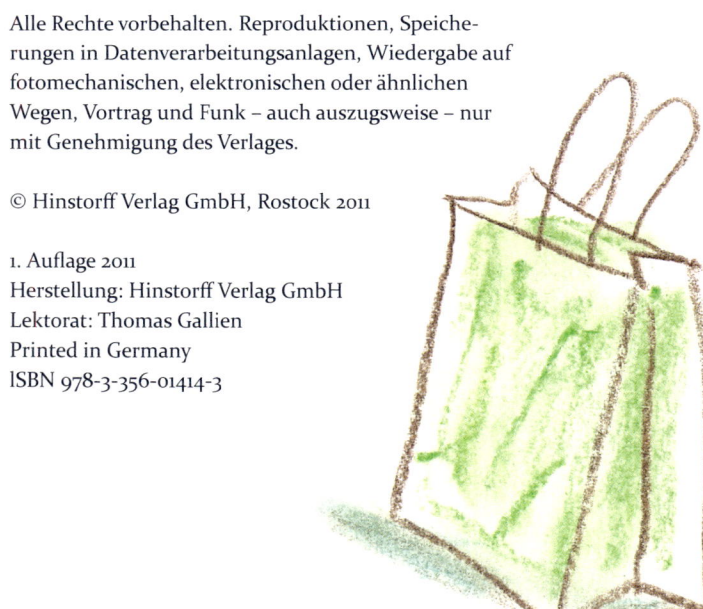